Auch mit dem Herzen nachgedacht

Gedichte

Anna Binder-Neetz

ISBN: 9783755735519

Copyright : Anna Binder-Neetz

Printed 2021

Herstellung und Verlag: BoD – Books on Demand, Norderstedt

Zum Geleit

Nun ist es soweit, ich veröffentliche eine kleine Gedichtsammlung, wohlwissend, dass weder an Gedichten, noch an anderem Gedruckten in irgendeiner Weise Mangel herrscht, und in einer gewissen Ratlosigkeit ob der Auswahl, die jeden Tag auch wieder etwas anders ausfallen könnte.

Warum ich dennoch diese Texte veröffentlichen möchte, hat einen eher therapeutischen Hintergrund: Ich habe gemerkt, dass das Schreiben z.B. von Gedichten kein Hexenwerk und grundsätzlich jeder und jedem möglich ist und dass es durchaus eine katalysatorische Wirkung haben kann.

Es gelingt mir nach wie vor nur dann, ein Gedicht zu verfassen, wenn die Seele in Bewegung ist, je mehr, desto besser, sei es aufgrund von persönlichen Erlebnissen und Erfahrungen oder aufgrund von Natur- oder anderen Ereignissen, die sich gewissermaßen in der eigenen Seele ‚spiegeln'. Denn nichts bereichert die eigene Biographie, aber auch das persönliche Umfeld so sehr, wie eine Seele, die in Bewegung ist, auch wenn das erst einmal nicht immer angenehm sein muss, weder für einen selbst, noch für das Umfeld.

Und das ist diesen Gedichten sicher anzumerken: Von innerer Not bis zu abgeklärtem Humor, von Weltverbesserungsgedanken bis zu therapeutischen An- und Einsichten, von Engeln bis zu eher profanen Belangen des Alltags - es ist eine bunte Mischung und ganz sicher nicht immer von höchstem literarischen Niveau. Aber darauf kommt es mir auch nicht an, ich möchte vielmehr dazu ermuntern, es selber einmal zu versuchen und die befreiende Wirkung dadurch zu erleben.

Für mich als Therapeutin ist es sogar denkbar, dass diese Art der Betätigung, gerade weil sie der eigenen Seele so nahekommt, eine Art Prophylaxe sein kann für heutige Zivilisationskrankheiten. Immerhin sind Reizüberflutung und Stress, denen wir im Alltag oft ausgeliefert sind, bekanntermaßen eine Hauptursache für mancherlei, auch körperlicher

Beschwerden, was bereits in den siebziger Jahren wissenschaftlich erforscht wurde.

Kurzum, die vorliegende Sammlung mag, so unvollkommen und persönlich sie ist, dazu ermuntern, die Schwingungsamplitude der eigenen Seele wahrzunehmen, sie zu erkunden, womöglich zu erweitern und wertzuschätzen als eine Kraft, die uns gleichzeitig in tiefste Tiefen bannt und dann auch wieder fliegen lässt, übrigens ganz ohne Zuhilfenahme von Spaceshuttles, Achterbahnen, Horrorfilmen, Computerspielen oder was es sonst alles gibt, um sich lebendig zu fühlen.

In diesem Sinne lege ich sie in Ihre Hände und an Ihr Herz in der Hoffnung, dass sie heilsame Wirkung tut - und sei es vielleicht auch nur deshalb, weil daran abzulesen ist, dass kein Mensch vor den Untiefen des Lebens gefeit, aber gleichzeitig jeder zu fliegen in der Lage ist.

Viel Freude!

Vorneweg

Wer gerne liest moderne Zeilen,

die eher formlos vorwärts eilen,

und sich mit diesen Glück beschert,

der liegt mit meinem Buch verkehrt.

Seid ihr dagegen Brüder, Schwestern,

die, so wie ich, von vorvorgestern

sich freu'n an Rhythmus, Vers und Wort,

wie andere am Fußballsport,

dann sei dies Büchlein euch empfohlen:

Eventuell lässt sich draus holen

in trüben Stunden Lebenssinn -

das wäre allemal Gewinn!

Die Kunst zu reimen

Da das Dichten mir beim Laufen
hilft, tief ein und aus zu schnaufen,
und so ist, wie Wind fürs Segeln,
hier in Kürze ein paar Regeln:
Reimen sollte leicht geschehen,
ohne oft den Satz zu drehen,
und der Rhythmus, der muss passen,
denn sonst kann man es gleich lassen.
Freilich kann auch ohne Reim
das Gedicht vollendet sein,
doch auch diese Kunst braucht viel
Sinn für's Wort, Gefühl und Ziel.
Freudig, wie ein Lied zu singen,
dürfen Reime gerne klingen,
aber auch, was ernst im Leben,
oder sogar ganz daneben,
darf hier angesprochen werden,
denn das lindert die Beschwerden!
Kurz gesagt, befördert Dichten
Phantasie und heilt Geschichten.
Auch ist eins nicht zu vergessen:
Wem in Prosa zu vermessen
scheint, die Botschaft noch zu sein,

schnürt sie in ein Verslein ein.
Dann, mit Glück, verständnisvoll
reagiert, wer's lesen soll...
Bleibt nur, zu empfehlen sie,
diese Dichtkunsttherapie!

Worte

Ob es mir gleich ist, oder mir bewusst,
ob völlig grundlos, oder ich es wolle,
die Worte machen Frust mir oder Lust,
auf jeden Fall spielt Sprache eine Rolle!

Was treibt mich jeden Morgen in die Felder?
Warum bin liebend gern alleine ich?
Warum sind attraktiv für uns die Wälder?
Was sucht so mancher dort ganz sicherlich?

Es wird so viel geredet heut' zu Tage!
nur wenig hat davon Verstand und Sinn!
die Worte können Freunde sein und Plage,
weshalb ich gerne ganz alleine bin!

Spielerei

Ich würde gern genialer sein beim Dichten,
wie Rilke oder Goethe – wär' das schön!
Stattdessen immer wieder diese schlichten
Geschichten, die gereimt beim Geh'n entsteh'n.

Kein Mensch kann sie gebrauchen, diese Dinger,
sie sind ganz einfach dumme Spielerei.
Wie einer, der auf jedem seiner Finger
nicht etwa einen Ring trägt, sondern zwei bis drei.

So viele Worte liegen rum, vergessen,
und freuen sich, wenn ich sie sammle ein.
Das klingt etwas verrückt oder versessen –
ein bisschen Sucht nach jedem Reim darf sein!

Und wenn ich dann erkrankt im Bette liege,
Wärmflasche auf dem Bauch, am Hals ein Schal,
und dieses Reimen aus dem Kopf nicht kriege,
dann fühl' ich wirklich mich mit Mal genial!

Die Sprache

Die Sprache ist doch sonderbar:
wir nutzen täglich sie, fürwahr,
und hörn's nicht knurren und nicht fauchen,
egal für was wir sie gebrauchen.

Den Liebesbrief schreibt niemand mehr,
und Liebeslieder sind oft schwer -
Emoticons sind leicht getippt
und zwischendurch mal schnell verschickt...

Und segensreich ist sie ja schon,
die neue Kommunikation:
Symbole sind zwar manchmal schlicht -
verletzen tun sie meistens nicht.

Drum, wer sich schwertut mit dem Wort,
der schweige besser ab sofort
und schicke dafür die Gedanken
symbolhaft, man wird es ihm danken!

Ein Weiser

Ein Weiser widersprach Beschwerden,
des Lebens rechten Weg zu geh'n
sei schwierig, denn allhier auf Erden,
sei dieser oft nur schwer zu seh'n.

„Nimm deine Habe und beschreite
den Weg, den du dir ausgedacht,
ob Berge, Täler, Schlucht, ob Weite,
genug der Rast, nun aufgemacht!

Der Weg spielt dabei keine Rolle,
alleine darauf kommt es an,
dass jeder, wie er kann, auch wolle,
nur mutig vorwärts und voran!

Auch Irren, Fallen, Bruchgelenke
nicht Grund genug für Zweifel ist,
denn immer wieder daran denke,
dass selber du dein Meister bist!

Ob es als Zufall, als gefallen,
als Fehltritt, Glücksfall ist verbucht:
Du selbst bist Schöpfer hier von allen
Geschicken, die dich heimgesucht.

Das Leben spielt sehr viele Bälle,
es ist ein Künstler, ein Artist,
und einen fängt auf alle Fälle,
wer mitspielt und kein Feigling ist."

Der Konjunktiv

Der Konjunktiv ist mein Problem:
Ich würde gern, auch hätte ich...,
und wäre es nicht wirklich schön?
-Was ist Realität für mich?

Ein guter Freund sprach einst so fein:
Probleme gibt's genügend schon,
nur Träume dürfen hier noch sein,
der Rest braucht schlicht Integration!

Nun ist es je nach Wetter so:
Ein Hoch stimmt munter mich und froh,
auch integrier' ich, wenn ich schlief,
wenn nicht, bleibt nur der Konjunktiv!

Weltschmerz

Und dann kommen wieder diese Zeiten,
wo der Himmel unentrinnbar grau,
und der Weltschmerz sucht, sich auszubreiten,
wann, woher, weiß niemand so genau.

Eng und enger schnürt es sich zusammen,
jedes Blatt stürzt krachend auf dich ein,
dieses Leben ist doch zu verdammen!
Kann nicht irgendetwas auch mal einfach sein?

Rettung kann hier nur der Wechsel bringen,
gut, wer diesen Unterschied schon kennt!
Höre auf, im schlechten Chor zu singen,
werde lieber gleich sein Dirigent!

Selbstmitleid

Wieviel Selbstmitleid ist hier erlaubt?
Manchmal ist es einfach schön, man trauert
über Schmerzen, Pech und überhaupt
über das, was hinter'm Glück oft lauert.

Kinder sind, zum Beispiel, sicher Glück!
Sie bekommen auch, doch außerdem
extrem schmerzhaft, es gibt kein Zurück,
und auf lange Sicht ist nichts bequem.

Willst du irgendwie erfolgreich sein,
lass um keinen Preis dich jemals hängen!
Selbstmitleid schleift eine Kerbe ein,
die das Zeug hat, deinen Plan zu sprengen.

Höchstens heimlich, wenn dich niemand sieht,
darfst du dir selbst leidtun, wohl gar weinen.
Bist du in Gesellschaft, summ' ein Lied,
lass dein Glück aus allen Poren scheinen!

Selbstoptimierung

Sich ganz und gar nur auf sich selbst verlassen,
wozu auch mal Verlassenheit gehört,
ist etwas, das gerade Menschen hassen,
die das Alleinsein mit sich selber stört.

Wer mag es schon, das innere Gewühle,
wer Köpfchen hat ist immer fein heraus,
der braucht sie nicht, die eigenen Gefühle,
ihm reicht ein Smartphone und im Haus die Maus.

Es ist auch schön, sogleich auf alle Fragen,
selbst dann, wenn sie noch nicht einmal gestellt,
sehr eloquent mal dies, mal das zu sagen,
bestimmt ist was dabei, was gut gefällt.

Wer effizient versucht, zu funktionieren
-der Arbeitgeber sieht das sicher gern-
wird Wesentliches leicht dabei verlieren:
Wer keine Zeit hat, ist sich selber fern.

Die Zeit

So sonderbar ist nur die Zeit:
Mal fließt sie ruhig, sanft und breit
dahin, ganz wie ein träger Fluss -
wie lange Weile schön sein muss!

Andererseits und überhaupt
verstreicht sie schneller als erlaubt,
verfliegt, als wär' beflügelt sie
und ein erschreckend flinkes Vieh.

Und dabei hängt doch an der Wand
ihr objektives Unterpfand,
das ganz und gar verlässlich ist
und keine Stunde je vergisst.

So bleibt uns weiter, das ist klar,
Verantwortung, auch dieses Jahr,
denn Zeit, und das ist ernst gemeint,
hat jeder, auch, wenn's nicht so scheint.

Oft ist im Leben nicht ganz klar,
was nötig, dringend, sinnvoll war.
Wer mutig ist und Zeit nicht spart
lebt in der Geistesgegenwart.

Entscheidungsfragen

Oftmals sind Entscheidungsfragen
gar nicht leicht, herum zu tragen.
Haben wir uns erst entschieden,
kann es aus sein mit dem Frieden,
dann ist's weniger als klar,
ob es so nun richtig war.
Hilfreich ist, sich eingestehen,
dass verschieden wir es sehen -
Je nach Situation und Zeit,
scheint uns anderes gescheit.
Doch was nützt uns die Erkenntnis,
wenn so mancherlei Bewendtnis
Unbequemes nötig macht,
was nicht rechtzeitig bedacht.
Schwer wiegt dann das inn're Ringen,
welchen Themen, Menschen, Dingen
wir zu geben sind bereit
Liebe mit Besonnenheit.
Gern würd' brechen ich die Lanzen
für Verbindlichkeit im Ganzen,
doch seh' ich's in andrem Licht,
einfach ist es wirklich nicht.
Schwer ist es, sich zu verstehen
und dabei ganz klar zu sehen,

nichts verbiegen und verwalten,
Widersprüche auszuhalten.
Dabei hilft es sehr im Leben,
sich für alles Zeit zu geben:
Zweifeln darfst du mit Respekt,
denn in Vielem Wahrheit steckt.

Gewissensdinge

In frühmorgendlicher Stunde
sprach Gewissen ernst zu mir:
lass das Dichten, denn im Grunde
gibt es längst genug von dir!

Darauf konnt' ich nichts erwidern,
das Gewissen hat ja recht!
Zumal viele von den Liedern
dichterisch wahrscheinlich schlecht.

Doch ich werde es nicht lassen,
auch wenn manches nicht so saß,
Leben lässt sich leichter fassen,
und es macht ganz einfach Spaß!

Der Sinn

Ständig treiben uns die Fragen
nach dem Sinn des Lebens um,
jeder kann was dazu sagen,
sei es weise, sei es dumm.

Selbsterkenntnis ist zu nennen,
Schritt für Schritt und ohne Hast,
denn je besser wir uns kennen,
sind wir weniger zur Last.

Andren auf die Sprünge helfen
ist beliebt, doch nicht sehr fein:
Sind wir nicht so zart wie Elfen
wird nur Frust die Folge sein!

Liebe, das ist zu bedenken,
macht das Leben lebenswert,
und wir dürfen sie verschenken
freudevoll und unbeschwert!

Dies, das sei hiermit entschieden,
ist, was uns zusammenhält:
Nicht nur fördert es den Frieden,
es ist Grundprinzip der Welt.

Ein Dank

Ich danke dem Leben, das wahr ist und weise.
Ich danke dem Sterben, das leise, ganz leise
das Leben durchdringt.
Eine Linie sich schwingt
am Ufersaum
unter Wellenschaum.

Welle ergießt sich auf Welle ans Land.
Linie um Linie mustert den Sand.
Nimmer wird's enden,
doch mit den Händen
greif ich nach Muschelgehäusen am Rand.

Ich danke dem Leben, das wahr ist und weise.
Ich danke den Menschen, die leise, ganz leise
mit Blumen schmücken das Land.
Hast du sie erkannt?

Sie werden nicht sterben,
denn hier auf Erden
führt Liebe ihre Hand.

Spuren

Schritte hinterlassen eine Spur.

Die nasse Spur im Sand am Meer

ist bald nicht mehr.

Eine Spur von zertretenem Gras

und Moos im Wald

vergeht schon bald.

Nur auf Asphalt,

wenn wir da gehen,

ist nichts zu sehen.

Worte hinterlassen eine Spur.

Die zärtlichen und freundlichen

sind die der Liebe,

sie verbinden uns alle

im besten Falle.

Die bösen Worte zu sprechen

wird trennen und brechen.

Davon gibt es zu viel.

Es ist kein Spiel.

Gedanken hinterlassen eine Spur.

Nicht nur die Geschriebenen,

auch die Erzählten

und die im Lied,

die niemand sieht.
Und, ja, auch die,
die nur gedacht,
sind in der Welt,
darum gib acht.

Meine Wahrheit

Meine Wahrheit ist das Leben,
das unsagbar schöne,
das verzweifelt traurige,
das rauschend Verheißungsvolle,
sowie das stille, ernste, heilige Leben,
dessen Schwingungsamplitude
den Unterschied macht
zum Tod, dem unsagbar schönen,
dem gehaltenen, nicht bewahrenden,
dem errungenen und geschenkten,
der uns befähigt,
die ganze Wahrheit zu sehen.

Ernst sind beide
und schwer zu ertragen
für die, die leben,
weil sie nicht anders können,
denn die Toten sind.
Verwandlung ist Leben,
immer weitergehen,
bis ich endlich bei mir bin,
im Sein.

Schicksal

Am Saum des Meeres wollt' ich schreiten,
vertrauend meiner Füße Halt,
die tastend nach Vergangenheiten
fühlten der Steine Urgewalt.

Als eine übermächt'ge Welle
bedrohte Lebenssicherheit,
verharrte ich an einer Stelle,
wo Fels mich schützte, lange Zeit.

Ich sehnte mich nach grünen Auen,
nach Quellenmurmeln, Vogelsang.
Doch konnte ich nur Steine schauen
und höhr'n des Meeres Donnerklang.

Nun kommt die Zeit, da ich's will wagen
zu lassen Felsensicherheit.
Die Sterne will ich künftig fragen,
auf sie vertrau'n in Ewigkeit.

Betrachtung

Wie ihr mächt'gen Meereswellen
gierig greift nach Land und Sand
und in ruhig stetem Schwellen
bald verschlungen habt den Strand,

wie hernach ihr, langsam fallend,
wieder freigebt festes Land,
euch zurückzieht, weiterwallend,
sei mein Leben euch verwandt:

Denn im gleichmäßigen Fassen,
Greifen, Halten, Vorwärtsstreben,
und beruhigt wieder Lassen
und Betrachten, liegt das Leben.

Ruhig

Ruhig, wie des Wassers Wellen,
wenn kein Wind darüberstreicht,
und der Strom trotz Ebben, Schwellen
einem weiten See fast gleicht,

ruhig, wie des Bussards Kreise
ein unendlich Blau durchzieh'n,
und die wilden Schwäne leise
Winters Not und Kälte flieh'n,

ruhig, wie der Glanz der Sonne,
die sich neigt dem Untergeh'n,
dämpfend Tages Lust und Wonne,
stillend tiefen Kummers Weh'n,

ruhig, wie ihr hohen Sterne
ewige Gesetze schreibt,
und aus nächtlich-klarer Ferne
doch Vertraute immer bleibt,

ruhig sei der Seele Weben,
trag gelassen Freud und Leid.
Dann gewinnt das Erdenleben
Sternenglanz der Ewigkeit.

Götter

Und dann weht wieder dieser Wind inmitten,
besitzergreifend, schüttelt jedes Blatt,
als wenn von Göttern, die vorüber ritten,
dir einer etwas zugeworfen hat.

Es ist ein heilig nüchternes Erschrecken,
ein Wissen unbedingter Wirklichkeit,
ein Schwanken zwischen Lassen und Entdecken
und unbedeutend werden Raum und Zeit.

Gelesenes bleibt wahr und unbestritten,
ein Wissen, das mit Weisen dich vereint.
Doch trifft es dich ins Herz, so hilft kein Bitten,
denn plötzlich bist du selber hier gemeint.

Und wehe dir, trägst du nicht feste Sohlen
und gehst bewusst und langsam jeden Schritt:
Was Götter schenken, ist zwar dir empfohlen,
die Anleitung jedoch gibt's selten mit.

Es ist an der Zeit

Gedanken fliegen an Gitter,
sie fallen wie Fliegen zu Boden.
Wer sagte noch, die Wahrheit macht euch frei?
Gitterstäbe, stabil und gnadenlos
im Kopf und überall -
Zäune werden gebaut.

Draußen zwitschert ein Vogel,
er ist hier inzwischen allein.
Wer sagte noch, es wird für ihn gesorgt?
Die Felder sind verdorrt und tot,
Angst ist auch in der Seele -
Einsamkeit wird gesät.

Gedanken werden lebendig
vom Feuer des Muts und der Liebe.
Wer sagte noch, ihr seid in mir?
Es braucht Mut, genau hinzusehen
und den Willen zur Tat,
doch sind wir nicht allein.
Es ist an der Zeit!

Wer ich bin

Wie mag es sein, auf einem Seil zu schreiten,
wenn rings herum nur Luft ist, klar und kalt?
Und keine Flügel sind, sich auszubreiten,
was gibt dem Leben hier noch einen Halt?

Wie mag es sein, die Erde zu umsegeln,
allein mit sich, den Stürmen und dem Boot?
Ganz sicher helfen Übung, Mut und Regeln,
doch retten sie vor Untergang und Tod?

Gefährlich wie ein Seiltanz ist das Leben,
und schwerelos tanzt niemand drüber hin.
Was hilft, ist bei sich sein, sich Ziele geben,
zu wissen um Zusammenhang und Sinn.

Die Seele kann sich über Meere breiten,
spielt mit den Wellen, setzt sich aus dem Wind.
Ihr Leben ist vergleichbar den Gezeiten,
sie bleibt auf ihre Weise immer Kind.

Ich wollt', ich wär' geübter auf dem Seile,
und meine Seele fühlte Ziel und Sinn.
Je länger ich auf dieser Erde weile,
wird größer mir die Frage, wer ich bin.

Das Niemandsland

Kennst du das Land, das zwischen Bergen liegt?
Es ist kein Tal, soweit wie mir bekannt.
Es liegt dazwischen, wo ein Strom sich biegt
und tote Bäume steh'n - ein Niemandsland.

Wer sich dort findet, weiß nicht wo er ist,
auf eine Weise fühlt man sich ganz frei.
Es gibt fast nichts, was man so recht vermisst,
und vieles huscht nur wie im Traum vorbei.

Es ist ganz neblig hier, du bist allein
und weißt nicht, ist es Traurigkeit, ist's Glück?
Auf offener See könnte es ähnlich sein,
und ähnlich froh bist du, kehrst du zurück.

Heimat

Ich habe die Heimat verloren,

das ist schon sehr lange her.

Gestorben und wieder geboren,

wiegt es doch immer noch schwer.

Doch wäre es Undank zu klagen

und machte auch gar keinen Sinn.

Die Heimat, von der ich will sagen,

ist die, die ich selber bin.

Der Schnee knirscht unter den Sohlen,

das Leben scheint fern dieser Zeit.

Ein Rotkehlchen grüß' ich verstohlen,

in mir ist Einsamkeit.

Tiefe

Wenn Gedanken Nebel bilden,

keine Form mehr existiert,

sich in tieferen Gefilden

Unaussprechliches formiert,

das wie Meerestosen wütet,

grundlos, furchtbar, pures Sein,

gehe nur, du bist behütet,

geradewegs in dich hinein.

Wahrzunehmen, zu erfassen,

was in dieser Tiefe wirkt,

fordert mutig loszulassen,

dann jedoch es Schätze birgt.

Du hast alles! Dein Bestreben

zaubert Ordnung in die Nacht,

sei getrost und fühl' das Leben,

kostbar ist's, gib auf dich acht!

Ein Unsägliches
erhebt sein Haupt aus strömenden Fluten.
Wahnsinn peitscht
hitzende Brandung.
Atem vergeht
erstickend im Sturm.
Zurück bleibt die Angst.

Altes Leid

Wenn die Luft zum Atmen fehlt,
Fenster auf, wenn's geht.
Wenn es keine Fenster gibt,
sprich noch ein Gebet.

Wenn du mal in Ohnmacht fällst,
Beine hochgelegt.
Wenn in Ohnmacht du erträgst,
gehe deinen Weg.

Mensch, wie kannst du grausam sein!
Du erschaffst viel Leid.
Und das Schlimmste, diese Pein
überdauert Zeit.

Allein.

Abgefallen, abhanden gekommen.
Verweht und verweint,
ein trockenes Blatt,
vom Herbstwind weggerissen,
verloren gegangen.

Du bist nicht allein!

Von Knospen an dürren Zweigen
tropft grauer Nebel.
Schwarze Krähenflügel
verwischen das letzte Grün.

Du bist nicht allein!

Durch Wolken bricht
ein warmer,
leuchtender Abendsonnenglanz.

Zwiegespräch

Es ist so kalt und windig hier,
wann endlich ist's genug?
Fühlst du es nicht, ich bin bei dir,
besonnen sei, und klug!

Mein Auge brennt, das Herz ist schwer,
ich weiß mir keinen Rat.
Geh' nur hinein, dann siehst du mehr,
ich leite deinen Pfad.

Ich habe Angst, muss denn das sein,
wann seh' ich wieder Licht?
Wer vorwärts geht, fühlt sich allein,
doch ist es wirklich nicht.

Verzeih, dass ich noch oft so blind
für deinesgleichen bin!
Seit langem wir verbunden sind,
du bist in mir darin.

Der Beschützer

Leicht ist er und licht,
oft wird er genannt,
Wissen nützt uns nicht,
wem ist er bekannt?

Oft ich ihn vergaß,
war ich unbeschwert.
Er am Bette saß,
bin ich eingekehrt.

Was ist wesentlich?
Du weißt, wer ich bin.
Selbstlos liebst du mich,
kennst des Lebens Sinn.

Der Weg

Ich kenne einen Weg,
den jeder geht allein.
Es ist kein sich'rer Steg
und kann es auch nicht sein.

Der Weg besteht aus Schmerz,
und niemand geht ihn gern.
Er führt mich an mein Herz,
das ist das Tor zum Herrn.

Der Regenbogen

Wie von Zauberhand gezogen,
farbig-leuchtend, himmelweit,
steht er da, der Regenbogen,
zwischen Zeit und Ewigkeit.

Formvollendet Farbenreigen
und verschwindend ohne Spur.
Regennasse Bäume neigen
sich dem Schauspiel der Natur.

Und wenn auch die ganz Gescheiten
ihn entzaubern um und um,
spürten Menschen aller Zeiten
höheres Mysterium.

Die Wirklichkeit

Die Wirklichkeit ist mehr, als was du siehst.
Wenn sich auch selten nur der Geist ergießt,
ist es nicht Wasser nur, das stetig fließt,
die Wirklichkeit ist mehr, als was du siehst.

Wenn kahl die Bäume sind, der Boden hart,
ist Leben doch auch in der Gegenwart,
wenngleich es noch an seinem Ausdruck spart,
wird bald Verborg'nes sichtbar, frisch und zart.

Zwar gilt zumeist dem Hier und Jetzt mein Sinn,
doch weiß ich wohl, dass ich schon lange bin,
und wenn, was früher war, auch längst dahin,
ist doch im Heute stets das Damals drin.

Vertraue dir, du selbst bist, der beschließt
den Lebensfluss, so wie er später fließt.
Entstehen Welten nicht, wenn du dies liest?
Die Wirklichkeit ist mehr, als was du siehst!

Die Kathedrale

Groß und weit wird meine Seele,
dehnt sich aus in jenen Raum,
dass sie sich mit dir vermähle,
Du unfassbar großer Baum.

Dir zur Ehre wirkten Viele,
gaben alles, dass sie strahle
voller Schönheit, wie im Spiele,
hochgestreckt, die Kathedrale.

Was kann ich Dir noch verehren,
dass in deiner Huld ich bliebe,
meins sind Werke nicht, noch Lehren,
kann nur Teil sein Deiner Liebe.

Die Liebe

Oh Herr, aus deinen Händen
empfang ich Lust und Schmerz.
Dein Schicksal abzuwenden
verlange nicht, mein Herz!

Beides ergreife kräftig,
den Kummer und das Glück.
Nur das erweist sich mächtig,
lässt uns gestärkt zurück.

Der Herr schenkt uns die Liebe,
die ewig ist und neu,
dass sie im Weltgetriebe
des Menschen Kraftquell sei.

Liebe

Und der Seele ward ein neuer Morgen,

ein unendlich leuchtender gegeben,

dass sie ihr herausgelöstes Leben

fühlte neu im Weltensein geborgen.

Liebe strahlt durch jeden Augenblick,

Liebe, die dem Menschen dies will sagen:

Du musst nicht allein dein Leben tragen,

denn ein Gott trägt liebend dein Geschick.

Hoffnung

Meiner Seele sehnend Trachten
führt mich zu vergess'nen Räumen,
wo von Menschen die verlachten
einst geglaubten Ziele träumen.

Mancher Hoffnung bunter Schimmer
musste hier im Grau verblassen.
Frühes Streben wird sich nimmer
diesem Ort entwenden lassen.

Doch in ruhigem Vertrauen
steh' mein Herz den Göttern offen,
die aus Zielen Brücken bauen,
schenken Zukunftskraft dem Hoffen.

Der Moment

Es ist bisweilen still umher,
nichts, was das Herz bedrängt.
Die Seele schwingt, doch nicht zu sehr,
ein Freiraum, der beschenkt.

Es ist nicht Unglück und nicht Glück
und mag dazwischen sein.
Ein kleiner Schatten, ein Zurück
vom puren Sonnenschein.

Geheimnisvoll ist der Moment,
ein schwebendes Du-bist!
Und wer darinnen, der erkennt,
wie heilsam dieses ist.

Ein Engel

Wie wäre es, wenn heut' ein Engel käme,
der sagte: komm, du hast genug gelebt, wir geh'n.
Und mich dann sanft in seine Arme nähme,
mich tragend, schwebend in ein Allversteh'n.

Würde mich dieser neue Weg wohl freuen,
oder wäre mein Halten hier zu groß?
Gäbe es Taten, die mich dann noch reuen,
ließe ich leicht und gern das Leben los?

Was jener Engel mag ins Herz mir geben,
die Suche nach der Einheit allen Seins,
erüben kann ich dieses nur im Leben:
Im Lieben werden Gegensätze eins.

Verliebt

Wer einer Eiche Kraft gefühlt,
wer Nachtigallen hat gelauscht,
wem Tau die Sohlen hat gekühlt,
wer hört, wie Wind in Wipfeln rauscht,

Wer spürt die Wärme auf der Haut
und atmet weißen Fliederduft,
wer Rosen beim Erblühen schaut
und sieht die Schwalben in der Luft,

Wer Menschen weiß, die mit ihm sind,
auch wenn das eigene Herz so schwer,
kann weinen wie ein kleines Kind
und fürchtet sich doch nimmer mehr.

Was meinst du denn? Das fragst du mich?
Ich liebe, also lebe ich!

Wie im Traum

Ich wanderte durch's Weizenfeld
und sah die Wolken zieh'n,
so ruhig war um mich die Welt
und voll von sattem Grün.

Die Schritte waren sonderbar,
ich fühlte mich getragen,
kein Ziel in meinem Sinn mehr war,
wohin? Ich konnt's nicht sagen.

Die Amsel singt ihr Regenlied,
es duftet der Jasmin,
die ersten Rosen sind verblüht,
und Wolken ziehen, zieh'n.

Warten

Warten.

Worauf?

Dass der Sanddorn sich orange färbte?

Dass die Bäume ihr Gewand verlören,

und die Gänse sich zum Zug formierten?

Dass die Erde ganz und gar erstarrte?

Alles ist Schlaf. Ist Tod.

Bis wann?

Bis die Erde wieder schneller schlägt,

bis die Bienen wieder lachen können,

bis ein neues Land in Grün sich streckte bis zum Ende dieser Hügelkette.

Im Garten.

Wird dort Leben sein?

Amsel, Schmetterling und Schwan

Wer wollte der Amsel den Gesang verbieten?
Und wer dem Schmetterling den gaukelnden Flug?
Wer hörte, dass Bienen ihr Geheimnis verrieten,
und wer wollte sagen, sein Urteil sei klug?

Ich bitte euch, lasst dieses Schifflein fahren
und freut euch am Flaum von dem Schwanenkind.
Noch früh genug ist es alt an Jahren,
faucht, beißt und schlägt, dass ihr lauft geschwind.

Seid doch so gut und verzeiht es den Sternen,
dass sie nicht bleiben an einem Ort.
Vielleicht, wenn es möglich wär', könntet ihr lernen,
dass alles, was bleiben muss, eines Tags ist fort...

Erschütterung

Ginge diesem Tag der Ruf voraus,
jener ernste, fast unhörbar stille,
der des Lebens mühsamem Applaus
zeigte eines Höher'n Wort und Wille,

wäre dieser Tag erfüllt mit Sinn,
dem das Unabwendbare ergeben,
das in jedem Augenblick darin,
füllt mit Schmerz die Seele wie das Leben,

leichter wäre mir des Herzens Schlag,
unverweint das liebevolle Auge.
Doch kein Ruf erklang vor jenem Tag,
und kein Sinn, der zur Befriedung tauge.

Traum und Meerfrau

Hattest du im Traum daran gedacht?

Vieles spricht dafür, dass nichts geschah.

War es nicht das Jahr und jene Nacht,

als die Meerfrau ein Mal nach dir sah?

Welche Träume wünschst du dir, du Tor?

Nichts zu träumen ist dir schon genug?

Wachst du lieber, wie die Sphinx zuvor?

Ist der Wachende nur immer klug?

Krachend werden Berge untergeh'n,

sie verschlingen ist das Meer bereit.

Auch der Traum der Meerfrau wird verweh'n –

Hättest du geträumt ihn vor der Zeit.

Trost

Welcher Klang berührte mich am Tag,
da der Regen fremd die Welt ließ scheinen,
die vom Herbst entblättert vor mir lag.
Welche Ahnung ließ das Auge weinen?

Wie der Knospen ruhiges Gebot
im Verborgenen den Frühling leitet,
ist das Leben immer auch im Tod,
wird durch diesen sachte vorbereitet.

Schmerzen sind des Lebens Zugewinn,
ohne sie wird nimmer Liebe dauern.
Dieses sei im Herzen dir und Sinn,
lass mit vieler Freude dich durchschauern.

Unruhe

Wieder so ein Tag, der sich verirrte,
der das Herz in Unruhe versetzt,
eine Wärme, die im Herbst verwirrte -
wieder so ein Tag, der mich ergötzt.

Welches sind der Menschen höchste Ziele?
Alt ist diese Frage, doch erlaubt.
Antworten darauf sind sicher viele,
Vielfalt ist des Menschen überhaupt.

Der Natur steh'n alle Wege offen,
hinzunehmen sind wir sie bereit,
wenn es regnet, bleibt allein zu hoffen,
dass es andern Tags vielleicht mal schneit.

Uns jedoch, der Schöpfung höchster Blüte,
ist beschwerlich oft die Qual der Wahl,
und ein all' zu Eigenes verhüte
drum der Konsens, was uns scheint ‚normal'.

Zweifellos ist redliches Bemühen
um Verständnis aller sehr gescheit.
Doch ein menschlich-herzliches Erglühen
sei ein jeder zu verzeih'n bereit.

Die Sehnsucht

Es entschwebt auf leichten Schwingen
jener Tage süßer Klang.
Die Lebendigkeit in Dingen,
lieblich-schmerzvoller Gesang.

Sehnsucht, dieses starke Wesen,
das mit Liebe oft gepaart,
ist in jeder Kunst zu lesen,
macht lebendig Gegenwart.

Frühling liebt sie, Herbst und Scheiden,
Hoffnung auf das große Glück,
Alltagslast kann sie nicht leiden,
holt stets Mögliches zurück.

Wären leichter auch die Tage
ohne diese Urgewalt,
mischt Genuss sich in die Klage
und ist wie die Menschheit alt.

Mir entschwebt auf leichten Schwingen
jener Tage süßer Schein,
endet mir auch heut' ihr Singen,
wird doch Sehnsucht ewig sein.

Die Ferne

Hörte ich euch nicht noch eben?
Wollt ihr wirklich von mir geh'n?
Werde Freude ich und Leben
flüchtig mit euch ziehen seh'n?

Lasst euch tragen von den Winden,
gleitet mit dem Lichte fort,
Sommerfarben werden schwinden,
Lieb' und Leben sind schon dort.

Unbekannte, weite Ferne
eine Heimat bist du mir,
leuchten doch dieselben Sterne,
die vertrauten, über dir.

Herbst

Diese Einsamkeit.

Kaum sich etwas regt,

Stille weit und breit,

auch auf's Herz gelegt.

Eine Traurigkeit.

Alles, was besteht,

ist es an der Zeit,

jäh zugrunde geht.

Stille, die so sacht,

dass ein Wind, der kaum

merklich, Blätterpracht

löst von jedem Baum.

Sonnenlicht, das mild

diese Zeit bedenkt,

ihr wie einem Bild

tröstend Schönheit schenkt.

Ein alter Weidenbaum

Ist der Himmel grau verhangen,
feucht die Luft, vom Regen schwer,
und die Seele fühlt ein Bangen:
So allein, das Herz so leer?

Wirst im Sturm nur sachte wanken,
wie der alte Weidenbaum.
Fühl das Leben, lass Gedanken,
diese helfen oftmals kaum.

Hab Geduld mit dir und andern.
Was ist wirklich wesentlich?
Deine Straße weiter wandern -
hell wird's wieder sicherlich!

Verwandlung

Diese dunkle Zeit macht glauben,
dass das Feste sei beständig,
Farben, Töne wird sie rauben,
Leben scheint nur mehr inwendig.

Doch es ist auch dies Entwicklung,
ein geheimnisvolles Schweigen.
Durch verborgene Verwicklung
wird der Tod selbst Teil vom Reigen.

Nichts versuche festzuhalten!
Alles sei ein Weitergeben,
fließend kann es sich entfalten,
denn Verwandlung ist das Leben!

November

Über allen Wiesen liegt ein Hauch,
des Novembers eigenstes Gepräge.
Ohne Regen tropfen Bäume auch
wie in Trauer, schwermütig und träge.

Weiter kann der Frühling gar nicht sein,
nur ein Traum von Zuversicht und Hoffen
bleibt in dieser Trübnis uns allein,
und die Zukunft, sie scheint völlig offen.

Niemand wird verschont in diesem Jahr,
glücklich, wer mit anderen sich findet.
Selten es so finster um uns war,
selten war so wenig, was verbindet.

Kalt ist es geworden in dem Land,
wo die Nebel so beharrlich bleiben.
Herzenswärme, dieses starke Band,
kann allein die Einsamkeit vertreiben.

Novembertraurigkeit und Traum

Sommer ist fern und das Herz voller Not,
dunkle Gedanken, allein.
Auch die Natur geht jetzt in den Tod,
Leben kann so nicht mehr sein.

Ferne am Himmel der Graugänse Zug,
raschelnd am Boden das Laub,
einer, der dachte, nun ist's genug -
wird vor der Zeit wohl zu Staub.

Welt voller Nebel, kaum klare Sicht,
hörbar von ferne ihr Schrein,
sieh dort ein anderes graues Gesicht -
Sind Vögel jemals allein?

Tanz war des Nachts, viele Stimmen im Kreis,
zauberhaft Kleidung und Ort,
jeder um jeden anderen weiß,
singen und tanzen sie fort.

Vögel, die ziehen, ein Schrei irgendwo,
Menschen beziehungslos stehen.
Doch weiß ich sicher, im Traum hört ich's so,
es gibt ein wieder Sehen.

Frühlingsahnung

Doch dieser Tag erscheint vor allen Dingen
herausgefallen aus der dunklen Zeit.
In regennassen Bäumen Vögel singen,
und Frühlingsblau erstreckt sich himmelweit.

Ein träger Wind zieht durch die Wiesen leise,
vielleicht ist durch die Wärme er so matt.
Für kurz hat unterbrochen er die Reise
und streichelt zärtlich heute Blatt für Blatt.

Schon morgen wird das Jahr sich weiterdrehen,
nichts ist in der Natur, das stetig bleibt.
Ein Sterben ist es, ein Zugrundegehen,
das frühlingahnend neue Knospen treibt.

Ahnung

Es liegt dazwischen, ist noch kaum zu greifen,
sieh' nur die Sonne, die durch Wolken dringt.
Unstete Blicke über Felder schweifen
dem Winde nach, und horch, die Amsel singt.

Es ist ein Himmel, dem der Schnee noch eigen,
trotz kalter Nächte blüht es hier und dort,
ein Frühlingsjubel neben Winterschweigen -
das trock'ne Laub fegte der Wind schon fort.

Verborgene Schönheit, weisheitsvolle Kräfte,
die kaum erst sichtbar, dafür spürbar sind,
in der Natur ein Aufwärts aller Säfte -
geheimnisvoll und heilig wie ein Kind.

Ein Augenblick, erfüllt von Möglichkeiten,
die ahnungsvoll verborgen noch im Dunst.
Die Seele liebt den Wechsel der Gezeiten
und immer schon beflügelt' er die Kunst.

Die Biene

Es schweben Flocken nieder
aus einem Nirgendwo.
Die Vögel zwitschern wieder,
trotz Kälte frühlingsfroh.

Die Biene kam von oben,
fiel auf das weiße Land.
Ich hab' sie aufgehoben,
sie starb in meiner Hand.

Was hat sie rausgetrieben,
warum kam sie in Not?
Nicht helfen konnt' mein Lieben,
sie starb den Kältetod.

Ihr Kompass ging verloren,
mir scheint, er fehlt auch mir.
Sie ist daran erfroren,
ich weint' auch wegen ihr.

Dreimal Frühling

Wind rauscht durch die Zweige,
weiß nicht, was es soll,
geht der Tag zur Neige,
lausch' ich sehnsuchtsvoll.

Ist die Welt doch eben
aus der Winterruh
aufgeweckt zum Leben,
weinst, mein Herze, du?

Wind, in welche Ferne
trägst du mein Gedicht?
senden wollt' ich gerne
auch Vergissmeinnicht.

*

Zauberhaftes zartes Grün
scheinst als wie zu schweben.
Hasel und Magnolie blüh'n,
überall ist Leben!

Wieder ist Natur erwacht,
Vögel sie besingen,
Sonne hat sie angelacht:
Alle Knospen springen.

Sei nicht traurig, sei nicht bang,
Lass die Seele tanzen!
Auch wenn manches dir misslang -
Frühling ist's im Ganzen!

*

Welche ahnungsvolle Regung,
welcher Atem aus Süd-Ost
bringt das Wachstum in Bewegung,
sagt adé dem Schnee und Frost?

Vogelzüge in der Höhe,
Singen, Zwitschern hell und bunt,
scheinbar ohne Last und Wehe,
frisches Grün aus hartem Grund.

Zwischen Holz und Steinen drängen
Halme eifrig sich ans Licht,
Knospenschalen noch beengen,
was schon bald ins Freie bricht.

Und, sieh da, die kleinen Gecken,
deren Summen lieb dem Ohr,
kriechen müd' aus den Verstecken,
wo sie schliefen noch zuvor.

War das Herz so schwer doch eben,
trüb' die Seele und der Blick,
kehrt mir nun die Lust am Leben,
Hoffnungsfreude auch zurück.

Erinnerung

An des Jahres Wechselspiel
haben längst wir uns gewöhnt:
Ist der Tod des Lebens Ziel?
Dafür spricht tatsächlich viel,
doch der Mai versöhnt.

Warum ist's, wenn Menschen gehen,
so viel schwerer zu ertragen?
Kann ich dich hier nicht mehr sehen,
meine ich, die Zeit bleibt stehen -
könnte leicht verzagen.

Dabei zeigt doch die Natur,
alles Leben auf der Erde:
eine Weltverjüngungskur
braucht den Tod, nicht Leben nur,
denn aus Stirb wird Werde!

Leicht ist dieses hier beschrieben,
es zu leben nicht so sehr:
gehen Menschen, die wir lieben,
selbst wenn sie am Leben blieben,
wird das Herz uns schwer.

Doch uns bleiben die Gedanken!
die Erinnerung wird weit,
wenn auch erst die Flügel sanken,
werden bald sich Bilder ranken
um die Wirklichkeit.

Morgen

Lasse den Tag herein,
öffne die Fenster weit,
bald wird es Morgen sein,
bald ist es an der Zeit.

Die Uhr tickt an der Wand,
wer hält sie dabei auf?
Es rieselt weißer Sand
hinunter, nie hinauf.

Nimm mich an deine Hand,
es weht ein kalter Wind,
dort an dem schroffen Rand,
wo keine Bäume sind.

Lass frische Luft herein,
hänge nicht an dem Traum,
bald wird es Morgen sein,
pflanze nun deinen Baum!

Wandlung und Ewigkeit

Es ist dein Bild nur flüchtig und fürwahr
in jedem Augenblick neu wie ein Kind.
Vom Himmel leuchten Sterne, wenn es klar,
die auch bei Wolken nur verborgen sind.

Verwandlung ist dem Leben immanent
und Wandlung ist auch unser letzter Schritt.
Wer hier das Rätsel der Gezeiten kennt,
den Vogelflug, verharrt nicht und zieht mit.

Verbunden sind mit allem ohnehin
die Lebenden, die Seelen hier wie dort,
und nichts geschieht, als wär' es ohne Sinn,
nur wechselt das Erleben immerfort.

Auch wenn das Bild nur flüchtig, wer erkennt
den Hintergrund, und wer es einst ersann?
Es ist dein Licht, dein Stern am Firmament,
ein Ewiges zieht ewig dich hinan.

Der Morgen

Aus allen Winkeln blitzt auch dieser Morgen
wie frische Wäsche, faltenlos und rein.
Die herzbeengenden und dunklen Sorgen
vom letzten Tag können so schwer nicht sein.

Es ist ein wenig wie auf Bergeshöhen,
wenn das Gewohnte bleibt im Tal zurück,
und staunend wir in weite Fernen sehen,
erfüllt mit Freude, Dankbarkeit und Glück.

Ein jeder Tag schenkt neue Kraft zu leben,
wenn Dunkelheit der Nacht im Dunst verschwand.
Dann können frei den Blick wir wieder heben
und offener betrachten weites Land.

Fühl dich geliebt

Ich träumte von ewigem Sonnenschein,
von Wärme, von Licht und von Liebe.
Der Himmel war blau, die Erde war mein,
und ich wünschte, dass alles so bliebe!

Es regnete kaum, der Traum war sehr lang,
die Rosen am Strauche verblühten,
sie wuchsen erneut, mir war gar nicht bang,
die Sterne des Nachts mich behüten.

Dann wachte ich auf, sah trockenen Staub
und kraftlose Bäume, die harrten,
dass Regen erfrische ihr noch grünes Laub –
gar lange mussten sie warten.

Nun höre ich's tropfen, der Wind fährt ins Haar,
so kalt ist es, neblig und trübe.
Doch weiß mein Herz, dass einst Sommer war,
und nichts ist, das ewig so bliebe!

Voll Hoffnung erwarte ich wieder das Licht,
das in stetigem Wandel sich gibt,
und leise im Inneren etwas spricht:
habe Mut und fühl' dich geliebt!

Das Verstehen

Verstehen heißt, im Eigensein zu sterben.
Nur wer sich selbst verliert, kann fremden Sinn
erfühlen, ohne ihn dabei zu färben,
erfassen das, was ich nicht selber bin.

Beweglichkeit und ein bewusstes Wanken,
sich zu verlassen, wie zunächst es scheint,
ermöglicht es, in anderer Gedanken
sich einzufühlen, was Verstehen meint.

Es braucht dies Mut, Selbstsicherheit, Vertrauen:
Nicht schwach ist, wer dazu bereit.
Beharrlich nur aufs Eigene zu schauen
schafft Missverständnis, Ärger, Kampf und Streit.

Emotion und Gleichgültigkeit

Das Leben oftmals bringt Verdruss,
der unter weißem Zuckerguss
geschickt getarnt als Hochgenuss,
sich doch entpuppt als Judas-Kuss.

Da wird geflucht (das ist nicht fein,
doch muss es vielleicht manchmal sein),
der eine schenkt den reinen Wein
gewissenhaft dem andren ein.

Es wird geärgert und verhöhnt,
geweint, geschrien und gestöhnt,
verdreht, gelogen und geschönt -
und dann auch wieder sich versöhnt.

Auf Frieden folgt zumeist ein Streit,
den hoffentlich man gern verzeiht.
Um jenen aber tut mir's leid,
der kultiviert Gleichgültigkeit.

Im Vertrauen

Es ist die Frage von Vertrauen,
die uns im Innersten berührt:
Mit Ruhe auf das Leben schauen
hat manchen schon sehr weit geführt.

Dass Angst und Sorgen weiter wüten,
auch wenn dies oft verständlich ist,
kann nur Vertrauen sanft verhüten,
was man im Alltag leicht vergisst.

Auch gäbe sicher es mehr Frieden,
wir fühlten eins uns, unversehrt,
wenn wir in dem Bewusstsein blieben,
welches uns das Vertrauen lehrt:

Wir sind mit allem stets verbunden,
das Glück ist nie für mich allein.
Der Friede, den die Welt gefunden,
nur der kann auch der eigne sein.

Der Teil und das Ganze

Wie die Natur so einfallsreich,
die Vielfalt so enorm:
Kein Blatt ist je dem andern gleich,
und ähnlich nur die Form.

Wie überall ist es hier Brauch:
ganz eigen jedes Stück,
und doch als Teil vom Ganzen auch
wirkt es auf dies zurück.

Bewundernd sei's im Reim genannt:
Was sich zusammenballt,
ein immer Größeres umspannt
in ähnlicher Gestalt.

Es wirkt zusammen jeder Pol,
das Zentrum wie der Kreis,
und für das Ganze ist zum Wohl,
wer um dies Rätsel weiß.

Wissenschaft

Mag sein, es ist die Abgespaltenheit,
die wir empfinden, wenn wir traurig sind.
Und niemand ist davor so recht gefeit,
sie macht bedürftig uns, wie jedes Kind.

Verdienstvoll ist es und heißt Wissenschaft,
wird groß das Kleinste, einzeln separiert,
und hat schon manchen Vorteil uns verschafft,
auch wenn es den Zusammenhalt verliert.

Wir forschen weiter, tiefer ins Detail,
es ist im Menschen dieser dunkle Drang,
zu finden, was der Kern des Lebens sei,
je kleiner, desto höher steht's im Rang.

Indes der, der zergliedert, wiegt und misst,
trübsinnig wird, verliert er sich dabei.
Verbundenheit mit allem-was-da-ist,
erfüllt den Geist und macht die Seele frei.

Verantwortung

Es lebt die Welt im Monat Mai
in ungezählten Formen,
ob Eiche, Rose, Gras es sei:
weit ab sind alle Normen!

Es singt und klingt in der Natur
und jeder kann es hören,
bemerkten wir's mit Staunen nur,
wir würden nichts zerstören.

Was alles wurde schon gemacht
durch unsere Gedanken?
Ihr Egoismus hat gebracht
das Gleichgewicht ins Wanken.

Wir lernten, dass Gedanken frei
und einzig unser Eigen.
Und eifrig sind wir stets dabei,
uns grade dies zu zeigen.

Uns ist mit der Gedanken Kraft
Verantwortung gegeben,
mit Liebe und mit Wissenschaft -
für unser aller Leben.

Klima

Ein milder Tag, so früh im Jahr?
Natur läutet den Frühling ein.
Wo früher Eis und Schnee noch war
liegt grün das Feld im Sonnenschein.

Der Dompfaff singt im dürren Strauch
der Holden erste Melodien
und ein verwirrend warmer Hauch
lässt Schwäne wieder nordwärts zieh'n.

Auch wenn dies Grund zur Sorge gibt,
heut' grüßen Menschen sich erfreut:
In diesem Licht sich alles liebt,
was sonst den Blick des Nächsten scheut.

Noch scheint von Vorteil warmes Klima,
und dieses ist auch nur natürlich:
Wer lebt und liebt, der fühlt sich prima –
Wir sind nun einmal kreatürlich.

Klima- und andere Konferenzen

Wieviel Zeit wird das noch gehen?
Vielerorts schweigt die Vernunft,
was da kommt will niemand sehen,
schmähliche Zusammenkunft!

Machtmissbrauch und Eitelkeiten,
Gier und Hochmut - welche Kraft!
Außer Geld wurd' schon beizeiten
Unsichtbares abgeschafft.

Können wir denn gar nichts machen?
Wird die Menschheit ruiniert?
Werden wir zu spät erwachen,
sind wir gänzlich korrumpiert?

Aufgewacht, es gilt zu sehen,
was nicht sichtbar – einerlei!
Kann es doch nur weitergehen,
wenn auch Geist ist mit dabei!

Neues aus Davos

Es ist ganz gut von Zeit zu Zeit
Verhältnisse zu sehen,
bleibt da die Macht und Dringlichkeit
der eignen Not bestehen?

Im Amazonas wird der Wald
für Rindviecher vernichtet -
der Burger - Bürgern schmeckt er halt,
gebraten und beschichtet.

Auch andernorts der Urwald raucht,
durch Wirtschaft so begründet:
bei uns ein jeder Palmöl braucht -
das Affenvolk verschwindet...

Und hierzulande wird es heiß,
da blüht nicht nur der Handel,
an Nord- und Südpol schmilzt das Eis,
man nennt es: Klimawandel.

Alljährlich trifft sich in Davos
wer sie regiert, die Welt.
Bedauerlich ist dabei bloß:
Naturschutz bringt kein Geld.

Wir sind so gut globalisiert,

verkabelt und vernetzt,

dass manches sich relativiert,

was uns vordem entsetzt.

Die gute Nachricht ist dabei,

wenn es auch heftig bebt,

der Mensch ist letztlich einerlei,

Natur uns überlebt!

Greta

Hurra, die Welt ist wieder grün,
Kirschen und andre Bäume blüh'n,
der Gärtner froh ans Werk sich macht,
vom Himmel warm die Sonne lacht!

Allergikern die Augen tränen,
dass sie sich an die Nordsee sehnen,
und Bauern gönnen Feld und Flur
mal wieder eine Jauche-Kur.

Wer will uns hier den Spaß verderben
mit Klimakrise, Bienensterben?
Zwar ist's doch wieder reichlich trocken,
doch kann das Wetter uns nicht schocken.

Wen interessiert die Welt von morgen?
Der Wirtschaft gelten unsre Sorgen:
Was täten wir denn ohne sie,
der deutschen Autoindustrie?!

Die Kanzlerin macht's jedem recht,
das heißt der Umwelt geht es schlecht,
denn nach wie vor regiert die Welt
wer Macht hat, respektive Geld.

Bewundernswert, was Greta tut,

unprätentiös und mit viel Mut:

Ob Heilsfigur oder Jeanne d'Arc,

ihr Einsatz für die Welt ist stark!

Die Erde

Die Welt zu retten ist in unsren Zeiten
beinah modern und längst in aller Mund.
Für's Fahrradfahren bis vegan zu streiten,
ist trotzdem dumm, wenn's freilich auch gesund.

Nur weniges nützt hier das Missionieren,
für jeden ist das Leben anders hell.
Die Liebe zu den Steinen, Pflanzen, Tieren
bleibt doch zuletzt sehr individuell.

Von Nutzen aber ist auf alle Fälle
die Sicherheit, dass auch die Erde lebt,
und alles das, was zwischen Fels und Welle,
selbst zunächst Unsichtbares, singt und schwebt.

Schon immer gab es Weise und Propheten,
die mahnten streng: schließt eure Herzen auf!
Und nie beförderten Krieg und Raketen
auch nur im Mindesten den Weltenlauf.

Die Erde wird noch lang sich weiterdrehen,
sie schwingt und leuchtet stets in neuem Licht.
Wenn Menschenherzen besser werden sehen
und hören können, schadet's sicher nicht.

Der Gärtner

Er redet mit den Bienen, Pflanzen
und jeder andren Kreatur.
Die Welt ist Leben ihm im Ganzen
und geistvoll ist ihm die Natur.

Es ist vielleicht in unsern Breiten
nicht üblich, eher schon apart,
doch gab es sie zu allen Zeiten,
Franziskus war auch dieser Art.

Ob wir verhandeln oder beten,
ob sehend schon oder noch blind,
Bewusstsein schärften die Propheten -
wird Zeit, dass wir es selber sind.

Heute

Fordernd ist es sehr und anspruchsvoll,
Grund genug für Traurigkeit und Klage,
viel ist's, was man machen, können soll –
oft zu schwer, das Leben dieser Tage.

Wissenschaft und Technik explodiert,
Menschen sind verpartnert mit Maschinen,
heut' ist jeder digitalisiert,
doch zu oft spricht Einsamkeit aus Mienen.

Algorithmen wissen gut Bescheid,
die KI beginnt zu komponieren,
wie mir scheint, ist dieses eine Zeit,
wo wir alles dafür tun, uns zu verlieren.

Mächtig werden Kinder torpediert,
Social Media täuscht alle Sinne,
was real und was fiktiv passiert,
ist es draußen oder ist es etwa drinne?

Und dass diese Dinge unbemerkt,
gar von uns gewünscht, so vorwärts eilen,
hilft der Zeitdruck, der die Not verstärkt,
und den Geist dran hindert, zu verweilen.

Mensch wach auf, es ist die höchste Zeit,

nicht die Erde nur gilt es zu retten,

deiner Seele Not und Einsamkeit

geistvoll hilf und löse ihre Ketten!

An die Schwestern

Ich sah den Sommer kommen und auch gehen,
sah in der Wiege und im Meer das Kind.
Ich sah den Bauern Winterweizen säen,
und sah die Menschen, wie sie hungrig sind.

Den Wind, der Einsamkeit durch Straßen fegte,
das Feuer, das vernichtete den Wald,
die Menschen, deren Herz nur Geld bewegte,
und die das Elend dieser Welt ließ kalt.

Was kümmern uns die Hungernden und Toten,
die, die an Leib und Seele sind versehrt?
Zwar werden viele Worte aufgeboten,
doch was ist wirklich uns der Frieden wert?

Ich sehe buntes Laub an nassen Bäumen
und einen grauen Himmel, regenblind.
Auch wenn vorüber ist die Zeit zu träumen:
Ich sehe Menschen, die voll Tatkraft sind.

Was kümmern uns die Mächtigen von gestern,
die maßlos, grob und ohne Überblick?
Wenn das, was unser Erbe, liebe Schwestern,
mehr Kraft bekommt, kehrt mir der Mut zurück.

Der Lehrer

Wie ein weiser Mann einst sagte,
der in dieser Kunst sehr weit
schon gekommen, als ich fragte
nach Bedingung, Maß und Zeit:

Nie wirst du je damit enden,
mehr und mehr wirst du versteh'n,
drehen kannst du es und wenden,
weiter kannst du immer geh'n.

Und je weiter deine Schritte -
Kompliziertheit ist nur Schein -
kommst du näher an die Mitte:
Klar und einfach wird es sein!

Ein Mensch

Und wieder lief es nicht so, wie es sollte.
Was war verkehrt an seinem Lebensplan?
Wusste er überhaupt, wohin er wollte?
Sah er die Dinge, wie sie andere sah'n?

Er wollte seine Kindheit nicht bemühen,
die war nicht leicht, doch stand es ihm nicht an.
Man kann ja seinem Schicksal nicht entfliehen,
und außerdem war er inzwischen Mann.

Wer war er überhaupt - auch diese Frage
nach dem Woher, Wohin? schien nicht geklärt,
auch wenn ein Freund auf seine alten Tage
ihn ungebeten immer mal belehrt.

Es gab doch scheinbar viele Möglichkeiten!
Zumindest früher, als er dann und wann
versuchte, seine Flügel auszubreiten -
was jeweils endete, wenn die Vernunft gewann.

Inzwischen war oft müde er und lustlos,
und immer diese Zweifel. Muss das sein?
Sein Leben, schien ihm, war doch gänzlich nutzlos,
und jeder Sinn dahinter - schöner Schein!

So ähnlich könnte die Geschichte gehen,

vielleicht auch anders, darauf kommt's nicht an.

Entscheidend ist nur, einmal mehr zu sehen,

was uns betrifft, fast jeder fühlen kann.

Die Masseurin

Ganz unbestritten: mancherorten
war sicher man und glaubte fest,
dass sie mit Taten und mit Worten
verstand den Körper und den Rest.

Mit Eifer und auch oft mit Nöten
begab man sich in ihre Hand,
und ließ sie tasten oder kneten,
wobei sie meistens etwas fand.

Wenn es dann hier und dort hübsch schmerzte,
nahm man das gern und war recht froh,
auch, weil zum Trost sie dabei scherzte,
ja, Heinz, das ist hier nun mal so!

Daheim jedoch, an trüben Tagen,
ist es für Zweifel nie zu spät -
doch würde sie das niemals sagen,
es schadet der Autorität.

Die Osteopathie

Oft wollen Menschen es verstehen:
Was meint denn ‚Osteopathie'?
Am Namen ist nicht viel zu sehen,
enthält sie darum mehr Magie?

Das Wort ist griechisch - und bescheiden
die Übersetzung, schmal ihr Sinn:
denn Knochenschmerzen, Knochenleiden
ist höchstens doch ein Teil darin.

Es ist dies sicherlich historisch,
denn heute geht es um weit mehr.
Auch jenem, der hier nicht euphorisch,
behagt doch ihre Vielfalt sehr.

Der Finder sah Gelenke, Knochen,
kurz, den Bewegungsapparat.
Wenn hier Bewegung unterbrochen,
ist's zu beheben, so Stills Rat.

Der Doktor war modern und eigen,
die Hände galten ihm sehr viel,
sie sollten tasten, richten - schweigen,
denn Selbstheilung, sie war sein Ziel!

Form und Funktion sich stets bedingen,
und eins sind Körper, Seele, Geist,
Zufluss und Abfluss muss gelingen,
was jedem Griff die Richtung weist.

Schon bald erfreuten seine Lehren
sich großen Zuspruchs und darum
war Sutherland bemüht, zu mehren
das Wissen hier ums Kranium.

Die Schädelknochen, Nähte, Häute
befreite er mit sanfter Hand,
wobei er keine Mühen scheute
und einen eignen Rhythmus fand.

Zuletzt ging es um die Organe,
des Nervus Vagus Paradies,
auch hier Bewegungen erahne -
Monsieur Barral die Richtung wies.

Im Ganzen wirkt stets die Verbindung,
wofür die Faszienzüge steh'n,
und manches Übel erfährt Lind'rung,
wenn wir nach deren Spannung seh'n.

Sehr umfänglich sind die Bereiche,

und Einzelheiten machen blind.

Darum Zusammenschau erreiche,

dann Gliederungen sinnvoll sind.

Den Kosmos ihrer Möglichkeiten,

verkürzt gesagt: Kopf, Nieren, Knie,

bei der Behandlung zu durchschreiten

meint also Osteopathie.

Der Osteopoet

Der Osteopoet - er fand
gedichtet wird auch mit der Hand,
denn eine gute Palpation
braucht sehr viel Imagination.

Die Hände sind nicht leicht, nicht schwer,
mal drücken sie, doch nie zu sehr,
und lösend horchen sie dann wohl
ob etwas fest, weich oder hohl.

Auf diese Weise ‚sieht' die Hand
das, was der Geist im Buche fand,
und ordnend wie in einem Reim
führt sie, was sich verirrte, heim.

Sie sieht und fühlt und denkt ideal,
denn immer ist der Leib genial.
Der Osteopoet und sie
betreiben hier nur Poesie.

Denn auch wer dichtet fühlt sich ein
in ein geheimnisvolles Sein,
wo jedes Wort sich selbst vergisst,
solang es Teil vom Ganzen ist.

Wer reimt und dichtet schmeckt hinein
in jedes Wort. - Wie guter Wein
rinnt eine Zeile durch die Kehle
erfüllt den Geist und auch die Seele.

Es soll nichts kneifen oder schmerzen,
wenn etwas mühsam, hilft zu scherzen,
denn fließend, das weiß jeder Tor,
der griechisch kann, ist der Humor.

Wenn Flüssiges zu fest gerät,
hilft immer Flexibilität.
Das Urbild ahnen, Anfang, Schluss
ist hilfreich, wenn nicht gar ein Muss.

Und wenn, wie hier, der Reim sich paart,
ist oftmals Jambus mit am Start,
wodurch das, was zusammenklebt,
sich wieder in die Leichte hebt.

Ein Urbild jeder Therapie!
Denn ob im Kopf, Bauch oder Knie
der Schmerz sitzt, ändert eines kaum:
Es fehlt an Leichte, fehlt an Raum.

Die Therapie ist so gesehen
ein höchst poetisches Geschehen:
Mehr Fluss und Leichtigkeit gewinne,
und Heilung ist gewiss darinne.

Doch wer zu eilig oder schnell,
verliert, was individuell:
Für alles gibt es Maß und Zeit,
das zu erkennen sei bereit!

Der Osteopath

Mit Würde und sehr aufmerksam
schaut von Beginn er ernst dich an
und zwar von allen Seiten!
Die Anamnese lässt er dann,
die braucht nicht, wer so tasten kann,
doch das wird er bestreiten.

Die schönen Hände sanft er legt,
wobei sich kaum etwas bewegt,
an Kopf, Steiß oder Brustbein.
Du fühlst die Wärme, bist im Fluss,
das Ganze ist ein Hochgenuss,
und du willst nur noch hier sein.

Dies hörend sagt der Ehemann:
Was, der? Das ich schon lange kann!
Legt sich ins Zeug wie nie.
Doch das Geheimnis ist nicht schwer,
auch hier gilt: weniger ist mehr,
s'ist Osteopathie!

Erkennen

Im Erkennen liegt
größte Wirkungskraft.
Wer die Teile wiegt,
Je nach Eigenschaft,

mache sich bewusst,
dass im Ganzen sie
spielen je nach Lust
ihre Melodie.

Jede Stimme ist
ein vollkomm'ner Teil,
wer dies nicht vergisst,
bringt dem Leben Heil.

Das braucht Offenheit,
Lauschen, was darin,
dann mit Achtsamkeit
macht das Ganze Sinn.

Die Berührung

Wie kann ich dich berühren,
bist du bereit?
Was sagen deine Augen
und was dein Herz?
Wer sagte, du seist alt,
glaubst du es denn?
Und wer, dass du nicht schön -
Du weißt es doch,
und wenn nicht du, so weiß ich es.
Es wissen meine Hände
um deine Schönheit,
es weiß mein Herz um dein Leid.

Therapie

Jede Begegnung sucht Stille,
im achtsamen Lauschen den Klang,
der hinter Worten und Wille
verrät uns der Seele Gesang.

Berührung sei stilles Verneigen,
die Schönheit erkennen, auch dort,
wo mancherlei Eindrücke zeigen,
dass Selbstliebe lange ist fort.

Spare dein Wissen, dein Fragen,
lausche, vom Kopf unbeschwert,
lasse die Hände es sagen,
schön bist du, sei du dir wert!

Der Schmetterling

Auf ungezählten feinsten Flimmerschuppen
sind Farben dir vom Kosmos eingeprägt.
Was Raupe einst und später graue Puppen
wird schließlich Falter, den ein Lufthauch trägt.

Dein Flug ist gaukelnd, flüchtig die Gestalten,
und ohne dich kann doch kein Sommer sein.
Wär' ein Moment nur irgend festzuhalten,
so wäre es dein Bild im Sonnenschein.

Die unscheinbare Raupe ist vergessen,
und auch die Zeit des Schlafes ist vorbei.
Allein, dich zu berühren wär' vermessen,
wie leicht und zart auch die Berührung sei.

Es mag der Hand des Heilers gleichwohl nützen,
im Menschen auch den Schmetterling zu sehn.
Selbst wer noch den Kokon braucht, sich zu schützen,
wird wie ein Falter leicht von dannen geh'n.

Rhythmus

Wohin gehen diese Schritte,
wer veranlasst sie dazu?
Ist es Kopf, Bauch oder Mitte,
sind in Hast sie oder Ruh?

Eilig sind wir oft, dann sehen
wir nichts, und sind ganz im Kopf.
Zeit lässt sich zurück nicht drehen
(dieses ist ein alter Zopf)!

Gehen langsam wir dagegen,
Schritt vor Schritt und mit Bedacht,
sehen wir auf manchen Wegen
Neues, das uns Freude macht!

Doch Bewegung ist auch innen,
tags und selbst im Schlaf bei Nacht:
Welche Freiheit wir gewinnen,
weil der Leib die selber macht!

Alles Leben ist Bewegung,
auch wenn's manchmal knirscht und reibt,
sei doch immer die Bestrebung,
dass es unser Rhythmus bleibt!

Die Sinne

Zauberhaft mit allen Sinnen
sind wir Anteil dieser Welt,
erst ist's draußen, dann auch drinnen,
wo es für uns Sinn erhält.

Farben, Formen und Nuancen,
Duft, Geschmack und was uns wert
und umgibt, beginnt zu tanzen -
sinnreich werden wir belehrt.

Ob wir tasten, sehen, hören,
sinnlich schmecken oder auch
Düfte unsren Sinn betören,
sind wir Kopf, Herz sowie Bauch.

Wenn wir mit den Augen sehen,
tasten wir zugleich dabei:
Jene Linie ‚abzugehen'
ist der Tastsinn sonst so frei.

Hören wir verborgene Klänge,
mischt sich oft ein Bild dazu,
auch ist der drei Bogengänge
Gleichgewicht sehr nah hierzu.

Riechen wir, ist's gleich ein Schmecken,
beides hat denselben Sinn:
Sollen wir das Tischlein decken?
Wär' dies übel? Ist's Gewinn?

Durch Gerüche Bilder hasten
und vom Klang sind wir berührt,
auch das Schmecken ist ein Tasten,
das zu unsrem Ursprung führt.

Auch für Wärme und Bewegung,
Gleichgewicht und Leben gar,
steht ein Sinn und innere Regung,
was inzwischen offenbar.

Und nun erst die höhern Sinne,
diese braucht's ganz sicherlich:
Sprach-, Gedanken- und darinne
jener Sinn für's Menschen-Ich.

Jeder Sinn für sich genommen
mag ein reicher Kosmos sein,
hochentwickelt und vollkommen
fügt er sich ins Ganze ein.

Synergie das ganze Leben,

eins ins andere greift geschwind,

das Geheimnis ist es eben,

dass die Sinne einig sind.

Hier in diesem Sinnenreigen

steckt ein Teil der Therapie,

doch vor'm Tastsinn wir uns neigen

in der Osteopathie.

Das Alter

Für die Kosmetikindustrie,
die unsern Markt beherrscht wie nie,
kommt jedes Fältchen gerade recht:
das Alter ist doch einfach schlecht.

Es wird vertuscht, so lang es geht,
mit Sprays und Cremes, bis es zu spät.
Wer altert, graue Haare kriegt,
für unsre Zeit daneben liegt.

Nur, wer dynamisch, jung und glatt,
beim Kunden was zu sagen hat,
und auf dem Bildschirm ohnehin,
macht Älterwerden keinen Sinn.

Wer's doch tut, der wird ungeniert
und ohne Zögern aussortiert.
Da lob ich mir doch die Antike,
als Alter war noch wert und schnieke,

denn wer 'ne Menge zählt an Jahren,
im Allgemeinen ist erfahren.
Die Richtung weist er sehr besonnen,
wodurch so manche Schlacht gewonnen.

Doch auch, wer Therapeut geworden,
hat diesbezüglich wenig Sorgen:
Auch hier steht Alter für Erfahrung,
und durchaus sinnvoll ist die Paarung!

Drum, wer nicht bei den alten Griechen
sich unbedingt noch will verkriechen,
der werde einfach Therapist,
weil Altern darin edel ist!

Witwe Bolte und die Geduld

Viel ist nicht so, wie es sein sollte,
so dachte schon die Witwe Bolte,
als Max und Moritz dreist von oben
ihr ihre Hühnchen weggehoben.

Auch jedes andere Malheur
erträgt zumeist man nur recht schwer:
der Glücklichste wär' man von allen,
wär' dies und das nicht vorgefallen!

Was oft man übersieht hingegen,
so manches Unglück bringt auch Segen.
Geduld braucht's dafür aber schon,
nicht gleich erschließt sich solcher Lohn.

Was Witwe Bolte nun betrifft:
Womöglich war der Hühnchen-Shift
zu ihrem Allerbesten nur,
weil er verhalf zur Traumfigur.

Zwei Hände

Zwei Hände trafen sich im Raum.
Sie kannten sich zwar bislang kaum,
doch kam's im Stadtpark einfach so,
sie trafen sich - und waren froh!

Mag sein, es war der einen kalt
bei Mondenschein allein im Wald,
vielleicht war einsam sie zugleich
und fühlte sich im Innern weich,

auf jeden Fall, wie es sich traf,
ergriff die andere sie brav:
Als sie auf einmal kam so dicht,
zögerte auch diese nicht.

So gingen sie und waren eins,
nicht deines mehr, und auch nicht meins,
in inniger Verbundenheit
lag eine kleine Seligkeit.

Hast du schon einmal es gefühlt,
dass deine Hand, leicht unterkühlt,
mit einer anderen sich schlicht
in Eines fand? - ich sicher nicht.

Menschheitsgeschichte ganz kurz

Hört die Geschichte der Seelen,
die seit langem besuchen den Erdball.
Gehörtes und Bild sich vermählen,
denn bilderreich stets war der Ur-Fall.

Damals begann diese Erde
sich zu sondern vom Ganzen, dem Einen,
Freiheit, das Ziel, das einst werde -
nur ein göttlicher Plan sah's erscheinen.

Götter sich Menschen gesellten,
sie führend aus tosenden Fluten.
Dicht waren himmlische Welten
den Seelen, den Weisen und Guten.

Doch, wo in Anbetung, fraglos
die Heimat war kindlicher Seelen,
wuchsen aus nährendem Urschoß
auch Zweifel, begannen zu quälen.

Und mit den Zweifeln die Klugheit,
irdisches Denken - und nie
stand der Einzelne so in der Menschheit,
wie die Großen der Philosophie.

Endgültig Starres zu hindern
erforderte göttliches Handeln.
Und mit dem Gleichnis von Kindern
ermöglicht es weiteres Wandeln.

Wichtig, das einzelne Schicksal,
wie es sich stellt in die Jetztzeit,
begreifend das Feste als Auswahl
mit Liebe zum Geist und zur Freiheit.

Gedanken zum Glück

Was meint Glück ganz allgemein?
Wer kann wirklich glücklich sein?
Viel ist mit Klischees geschmückt,
was uns freut und was beglückt,
dabei ist es gar nicht leicht,
dass uns was zum Glück gereicht.

Mancher denkt vielleicht, das Glück
sei bei dem, der mit Geschick
Reichtümer zusammenhäuft,
nichts verspielt und nichts versäuft,
jung und schön ist, dabei schlau,
fährt den Porsche, tolle Frau,
Sixpack und ein Hengst im Bett,
Chef der Firma, die - wie nett -
nur im Ausland produziert,
wenig Steuern so verliert,
Häuser hier und Villen dort,
wochenends ist Golfen Sport,
wohlgeraten Hund und Spross
(der das Internat genoss),
und in Monaco die Yacht
allen Blicken Freude macht.

Definiert man dies mit Glück,

bleiben viele weit zurück,

die darum nicht unbedingt

weniger zufrieden sind,

denn, wie heißt es doch so schön,

nur auf's liebe Geld zu seh'n,

macht allein nicht unbeschwert.

Allerdings stimmt umgekehrt,

Geld ist nichts, das Glück verwehrt,

was ein schöner Urlaub lehrt.

Hier ein anderer Aspekt,

Sehnsucht ist hinein versteckt,

denn Erfahrung uns verrät:

Glück scheut die Realität.

Was wir träumen, was wir sehnen,

sei's mit Freude, sei's mit Tränen,

zu erstreben sind bereit,

wir, solang nicht Wirklichkeit,

die nur eins zum andern reiht,

ihm Banalität verleiht.

Was uns scheint ein Gegensatz,

macht dem Träumen einfach Platz,

denn es bleibt auch Teil vom Glück
jedes Traumgedankenstück.

Sicherheit wie Abenteuer:
Abwechslung reizt ungeheuer,
mal daheim, mal in der Welt,
auch Alleinsein gut gefällt,
dann ein Partner, den man liebt
und bisweilen von sich schiebt,
viele Kinder, das ist Sitte,
aber auch viel Freiheit bitte,
immer Geld genug für Spaß,
Arbeit nur mit Augenmaß.

Glück, das sind auch Wohlgerüche
aus dem Garten, aus der Küche,
Vogelsang im Monat Mai,
Sonnenschein ganz nebenbei,
Wasser, Wellen, Himmel weit,
Fühlen von Unendlichkeit,
der Musik verzaubernd Macht,
und das Kind, das herzlich lacht,
eine klare Sternennacht,
die im Liebesrausch verbracht.

Nun zu dem Ideal von Mann,
der viel weiß und noch mehr kann:
Kraftvoll, mit Humor und Güte,
phantasievoll von Gemüte,
viel erfahren, klug und weise,
höflich, ruhig, eher leise,
spricht er nur, wenn es mit Sinn,
tut auch sonst nichts obenhin,
ist mit Herzen und Verstand
interessiert und zugewandt.
Mächtig seines Blicks Gewalt,
schön der Hände Wohlgestalt,
selbstbewusst, doch treu ergeben,
willst du nur mit ihm noch leben.

Ein Ideal, dies Männerbild,
das im Traum die Seele füllt.
Möglich aber, ich bin ehrlich,
dass die Perfektion beschwerlich.
Eig'ne Unzulänglichkeiten
könnten dabei Frust bereiten.

Ideal und Wirklichkeit,
sind oft fern sich meilenweit,
und erst hinter Raum und Zeit
scheinen sie zum Kuss bereit.

Wie schon sagt das alte Lied:

Du bist deines Glückes Schmied,

denn wer nur Vergangenes sieht,

stellt bald fest, dass nichts geschieht.

Nimm das Leben nicht so schwer

und erwarte nichts zu sehr,

es macht bloß, dass hinterher

nur noch Frust ist und nichts mehr.

Wer, vom Schicksal vorgereift,

auf die Traditionen pfeift,

freudig den Moment ergreift,

der bisweilen jeden streift,

lässt Vergangenes zurück,

ist hellwach im Augenblick,

kann erfahren Stück für Stück

Zauber, Dankbarkeit und Glück.

Gleichzeitig und in der Stille

ist das Glück auch pure Fülle,

wenn es Traum nur bleibt und nie

lässt den Raum der Fantasie.

Advent in Zeiten von Corona

Und wieder kommt die Nacht heran
und wieder etwas eher,
so ist es nun mal dann und wann:
Das Weihnachtsfest rückt näher.

Das Laub der Bäume fiel herab,
wie es im Herbst wohl sollte,
es deckt nunmehr das frische Grab
von dem, der nicht mehr wollte.

Advent, Advent ein Lichtlein brennt,
elektrisch oder Kerzen.
Wer auch den Schalter innen kennt,
wird's leichter wohl verschmerzen.

Fronten

Wer gibt den Tagen das Licht zurück?
Und wer den Nächten die Ruh?
Wo ist ein Lächeln, und wo ist das Glück?
Hört hier noch irgendwer zu?

Hart sind die Fronten. Du weißt es genau?
Das müssen doch alle so sehen?
Dieser hat Wissen, und jener ist schlau.
Eisige Winde wehen.

Wem nützt das Ereifern, es spaltet und trennt.
Steh'n wir denn vor Gericht?
Ich wüsste nicht, wer die Wahrheit noch kennt.
Es geht hier um Menschen - mehr nicht.

Inhaltsverzeichnis